AF263050

RÉFLEXIONS SOMMAIRES

SUR

LES ÉVÉNEMENTS POLITIQUES

du 24 Mai

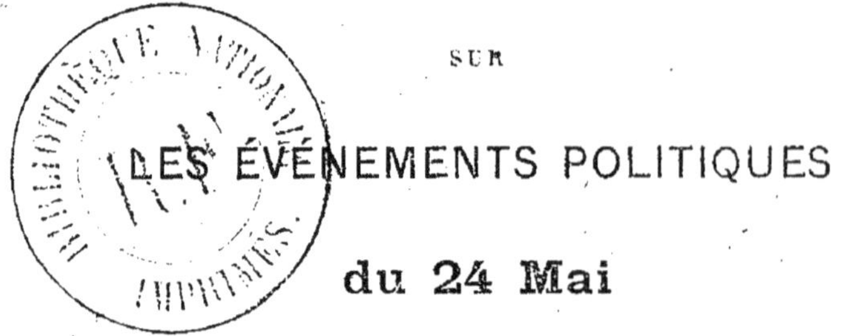

SOUVENIR

DES SOLENNITÉS RELIGIEUSES

de la **FÊTE-DIEU** et du **SACRÉ-CŒUR**

PAR

F.-H. DURBEC

MARSEILLE

CHEZ LES PRINCIPAUX LIBRAIRES

—

1873

Ib 4344

MARSEILLE. — TYPOGRAPHIE MARIUS OLIVE, RUE SAINTE, 39

DE L'INFLUENCE

DES HOMMES SUPÉRIEURS

24 Mai 1873.

En présence des événements politiques qui viennent de s'accomplir, et que tous les cœurs vraiment français et honnêtes ont salués comme une première étape sur le chemin de la régénération sociale, il n'est pas sans utilité de rechercher, aujourd'hui, quelles peuvent être les causes premières qui ont produit un si heureux résultat.

Depuis l'Avénement à la Présidence de l'illustre maréchal de Mac-Mahon, on a dit QU'UN SOUFFLE DE LOYAUTÉ SEMBLAIT AVOIR PASSÉ SUR LA FRANCE ; et ces paroles on été accueillies comme étant, en effet, l'expression de la vérité.

Or, *ce souffle de loyauté,* dont tout esprit impartial ne saurait nier l'existence, d'où résulte-t-il, si ce n'est de la force attractive inhérente aux natures d'élite que la Providence se plaît à susciter, aux heures solennelles, pour le bien de l'Humanité ?

A l'appui de notre assertîon, nous pourrions invoquer le témoignage authentique de l'histoire des peuples qui nous ont précédés, et, particulièrement, ceux énumérés dans le *Discours sur l'Histoire universelle* du savant évêque de Meaux.

Mais, sans remonter à des temps aussi reculés, ne trouvons-nous pas dans l'histoire contemporaine et, même, dans ce qui se passe autour de nous, une preuve irrécusable de l'heureuse influence que L'HOMME SUPÉRIEUR exerce sur ses semblables?

Et quand nous disons l'*homme supérieur*, nous n'entendons point parler de ces hommes étranges qui prétendent gouverner les peuples, *sans Dieu*, mais bien de ceux qui n'hésitent pas à courber leur front devant Celui qui élève et renverse, quand il lui plaît, les trônes de la terre.

Si la noblesse et la dignité des paroles contenues dans le Message du nouveau Président de la République ne sont point étrangères au souffle de loyauté qui vient de passer sur la France; si l'épée victorieuse du Maréchal-Duc est venue, ainsi, rassurer les bons citoyens sur l'avenir de la Patrie, qu'une politique équivoque et d'expédients avait si gravement compromis, à qui faut-il attribuer l'initiative d'un changement aussi heureux qu'imprévu, sinon à cette MAJORITÉ ESSENTIELLEMENT CONSERVATRICE DE L'ASSEMBLÉE SOUVERAINE qui tient dans ses mains les destinées de la nation?

Mais, si cette *Assemblée Souveraine* a enfin laissé échapper de son sein, ce souffle régénérateur qu'une sorte de mauvais génie semblait y avoir jusqu'alors comprimé, ne sommes-nous pas autorisé à dire qu'elle s'est inspirée des GRANDS PRINCIPES CONSERVATEURS, exposés avec tant d'éloquence, dans ces pages immortelles qu'une main royale avait tracées sur la terre d'exil?

Et si les *pages immortelles*, auxquelles nous faisons ici allusion, ont pu trouver de l'écho dans la partie DOMINANTE des représentants de la nation, c'est qu'elles puisent leur force dans un principe consacré par quatorze siècles d'existence et, surtout, dans un cœur formé à l'école de Charlemagne et de Saint Louis, comme à celle, non moins instructive, de l'IMMORTEL PRISONNIER DU VATICAN !

Disons donc, bien haut, à la plume déloyale et mensongère qui, dans un *style à part*, nous accuse de « n'oser pas même bégayer la nature de nos espérances, et de laisser *honteusement* dans l'encrier le nom de Henri V » que, sans le vouloir, elle a fait, du seul mot que nous avons souligné, l'apologie de ceux qu'elle avait cru frapper au cœur.

Voilà pourquoi, aussi, nous ne craignons pas de répéter, ici, ce que nous avons déjà dit dans nos *Loisirs poétiques et littéraires*, avec plus de développement et sans *bégayer* (n'en déplaise à l'*Egalité*) que les deux grandes figures qui dominent la situation sont, sans contredit, celle de Pie IX et celle du comte de Chambord ou Henri V, nom qui résonne trop agréablement à nos oreilles et, surtout, dans nos cœurs, pour que nous ayons pu le laisser, jusqu'à ce jour, *honteusement dans l'encrier*.

Et, pour achever, en quelque sorte, notre tableau, nous ajouterons sans craindre d'être désavoué, qu'une troisième et grande figure est venue remplir le vide que nous avions dû forcément y laisser : celle du vainqueur de Magenta et de la Commune de Paris.

Heureux groupe, d'où sortira sans aucun doute, ce triple souffle de *vérité*, d'*honnêteté* et de *stabilité* qui, après avoir passé sur la France régénérée, se répandra bientôt sur le monde entier !

> Du foyer de la VÉRITÉ,
> Gardé par la *ville éternelle*,
> Sortira, plein de majesté,
> Le roi d'une France nouvelle,
> Qui fera régner, avec elle,
> La justice et l'honnêteté.

Je ne saurais mieux terminer ce rapide aperçu qu'en mettant, sous les yeux du lecteur, un document que je suis heureux et fier de pouvoir reproduire ici, comme un nouvel écho de Frohsdorff, confié à la plume amie du poète de la Vendée, dont le nom est synonyme de Fidélité et Dévouement.

24 *Juin* 1873.

Mon Cher Monsieur,

Monseigneur le comte de Chambord me charge d'une commission qui, personnellement, m'est fort agréable. Il veut que je vous remercie de l'envoi de votre livre : *Loisirs poétiques et littéraires.* — Il apprécie, vous le savez déjà, les sentiments qui vous inspirent et dans vos poésies et dans la lettre que vous lui avez écrite. Il est toujours heureux quand arrive un écho de cette France quil aime, que, seul il peut sauver. — C'est assez vous dire, je le répète, qu'il connaît votre amour du bien, votre fidélité à tout ce qu'il y à de juste et de vrai dans ce monde.

C'est ce que je suis heureux et flatté de vous transmettre, en vous priant de croire à toute mes sympathies et à mon entier dévouement.

Signé : Bon Gaston de Flotte

Marseille, 17 *juin* 1873.

Monsieur le Rédacteur,

Je ne saurais mieux répondre à l'appel que vous faites aux lecteurs du *Citoyen,* qu'en vous transmettant quelques réflexions personnelles, puisées à la source des croyances religieuses et, par conséquent, dignes de votre intérêt.

Comme moi, sans doute, vous avez pu voir et admirer le beau spectacle que la population marseillaise a présenté, hier, dans la partie privilégiée de notre cité qui a été favorisée du passage de la statue vénérée de Notre-Dame de la Garde et de son Cortége si édifiant (1).

Bien qu'un pareil spectacle ne soit pas nouveau pour une ville qui montra toujours une piété et une vénération toutes particulières envers Celle qu'elle se plaît à appeler *la Bonne Mère*, on ne peut s'empêcher de reconnaître que cette coutume traditionnelle avait emprunté, hier, les traits d'une véritable manifestation.

Comment, en effet, rester froid et indifférent, à la vue de ces petits anges terrestres, offrant à MARIE IMMACULÉE, les prémices d'un cœur vierge encore des contacts de la terre !

Ajoutons que l'enthousiasme religieux qui , comme le pieux cortége, allait toujours croissant, est arrivé à son comble au moment où la statue vénérée s'est présentée aux abords de la halle Charles de Lacroix, qui avait été splendidement décorée par les dames de cette halle, toujours si heureuses en pareilles circonstances.

----

(1) Cette lettre n'ayant pu être insérée, pour cause de *double emploi*, dans la feuille locale à laquelle elle avait été adressée, j'ai cru devoir la publier aujourd'hui, à *titre de Souvenir* et comme supplément à ce qui a été déjà dit sur le même sujet.

Donc, lecteurs bienveillants, laissez-moi vous redire
Ce qu'un autre, avant moi, s'est hâté de vous dire ;
Et si vous agréez le fruit de mon labeur,
J'en garderai longtemps le souvenir flatteur.

Aux chants consacrés par l'Eglise en l'honneur de la Reine des Cieux, succédait par intervalles, le cri plus solennel encore de : Vive Marie ! qui, d'écho, en écho, a dû arriver sans doute, jusqu'aux oreilles les moins sympathiques.

Honneur et reconnaissance à l'Autorité supérieure, civile et militaire, qui s'est montrée, ainsi. la digne dépositaire du souffle régénérateur, parti de haut lieu et appelé à réchauffer les cœurs les plus tièdes, les esprits les plus dévoyés.

Honneur et reconnaissance aux dignes représentants de notre commerce, qui n'ont pas dédaigné d'offrir l'hospitalité à Celle que l'Eglise appelle, à si juste titre, *l'Etoile de la mer !*

Honneur et reconnaissance à ces hommes d'élite, de tout âge et de toute condition qui, après avoir assisté dimanche, à la procession générale de la Fête-Dieu, ont tenu à honneur d'accompagner, hier, jusque sur les hauteurs de son Sanctuaire, cette Bonne Mère que les Marseillais voient toujours avec tant de bonheur !

Mais plaignons bien sincèrement ceux qui, sous le voile hypocrite de *l'Egalité*, ne craignent pas de heurter violemment les traditions séculaires, dans ce qu'elles ont de plus respectable et de plus inoffensif.

Voilà pourquoi, aussi, la journée du 16 juin sera encore, pour Marseille, une de celles qui compteront désormais parmi les plus belles et les plus émouvantes, au point de vue religieux et social ; les seules, d'ailleurs, qui puissent faire un heureux contre-poids à celles qui nous ont laissé, hélas! de si tristes souvenirs !

Permettez-moi, en finissant, Monsieur le Rédacteur, de reproduire les strophes suivantes, auxquelles la solennité du jour semble avoir donné un nouveau caractère de vérité et d'actualité :

NOTRE-DAME DE LA GARDE

Voyageurs aux rives lointaines ;
Enfants des déserts africains ;
Hôtes des parages voisins ;
Habitants des monts et des plaines.

Vous qui, de ces pays divers,
Venez pour visiter Marseille,..
Voyez cette lampe qui veille
Comme une étoile sur les mers.

Elle veille auprès de Marie,
L'auguste mère de Jésus ;
Au rendez-vous de ses élus
Sa douce clarté vous convie.

Montez, montez au Sanctuaire,
Montez, montez, montez toujours ;
Allez implorer le secours
De cette bonne et tendre mère.

Sous le poids d'un rude labeur,
Vous, dont le corps épuisé plie ;
Vous qui buvez, jusqu'à la lie,
La coupe amère du malheur ;

Allez sur la sainte colline,
Le matin au lever du jour ;
Allez déposer votre amour
Aux pieds de la Vierge divine.

Ne craignez point l'aspérité
Des rocs de ce nouveau Calvaire ;
Il est le sentier solitaire
Qui mène à l'immortalité !

Montez, montez au Sanctuaire,
Montez, montez, montez toujours ;
Allez implorer le secours
De cette bonne et tendre mère.

Ne redoutez pas les cailloux
Qui se pressent sur la montagne ;
Si la ferveur vous accompagne,
Vos pieds les trouveront si doux !

Sur la roche miraculeuse
Attachez vos premiers regards,
Vous qui courûtes les hasards
D'une aventure périlleuse.

Et quand vous quitterez ce bord
Pour voguer vers une autre plage,
Jamais la tempête et l'orage
Ne vous éloigneront du port.

Montez, montez au Sanctuaire,
Montez, montez, montez toujours ;
Allez implorer le secours
De cette bonne et tendre mère.

FÊTE VOTIVE DU SACRÉ-CŒUR

La journée du 20 Juin, fête votive du Sacré-Cœur, a dignement clôturé la série des solennités religieuses de la Fête-Dieu, en prouvant une fois de plus que la population marseillaise ne saurait jamais, en pareilles circonstances, répudier la foi de ses pères.

Aussi, bien que nous soyons convaincu de l'impuissance de notre plume, nous allons essayer d'interpréter dans ces quelques lignes, la grande pensée qui a inspiré cette dernière et imposante manifestation.

Comme les feuilles locales l'ont annoncé, les abords du couvent de la Visitation, situé sur le chemin de Saint-Barnabé, avaient été, de bonne heure, envahis par la foule qui s'y était donné rendez-vous pour assister à la messe votive du Sacré-Cœur, célébrée chaque année à pareille époque, en vertu d'une délibération des Echevins de la ville de Marseille, du 22 Mai 1722.

La chapelle où devait être offert le Saint-Sacrifice ne pouvant contenir les nombreux fidèles qui arrivaient de tous les points de la ville, des chaises supplémentaires avaient été placées dans la cour ; et, malgré le nombre considérable de ces chaises, bien des personnes durent rester debout, en attendant l'arrivée des Autorités supérieures qui devaient honorer de leur présence la pieuse et touchante réunion.

Bientôt des acclamations chaleureuses et répétées vinrent attester l'arrivée des dignes Autorités qui avaient été, partout, saluées sur leur passage ; et il ne fallut rien moins que la majesté du LIEU SAINT pour empêcher que des acclamations intérieures ne répondissent simultanément à celles du dehors.

Mais la réserve commandée par la nature exceptionnelle des lieux était avantageusement compensée par les émotions intimes de ceux qui voyaient s'unir à eux, dans la même pensée, ces HOMMES SUPÉRIEURS qui avaient accepté résolûment et sans bénéfice d'inventaire, cet héritage sacré de leurs pères que des enfants ingrats n'avaient pas craint de répudier.

La présence de Mgr l'Evêque qui venait d'arriver accompagné des principaux membres de son clergé, vint enfin satisfaire la piété des fidèles, qui virent commencer le Saint-Sacrifice de la Messe, avec ce recueillement impossible à décrire et qui semble être un avant-goût de celui qui entoure l'autel de l'Agneau, dans la Céleste Jérusalem.

Aux chants pieux de l'intérieur, exécutés avec un ensemble et une précision admirables, répondaient, sans interruption, des chants non moins harmonieux qui, venant du dehors, portaient dans l'âme je ne sais quoi de suave qu'on ne saurait s'expliquer que comme une émanation secrète du Divin Cœur de Jésus.

Après l'Evangile, Mgr Place, dans une courte mais émouvante allocution, a remercié, au nom du clergé et des fidèles de son diocèse, les Autorités supérieures civiles et militaires qui, en prêtant ainsi un ferme et généreux appui à la cause de nos libertés religieuses, avaient fait, en même temps, une éclatante protestation de foi contre les audacieuses attaques de la libre-pensée.

Monseigneur a ensuite félicité la Chambre de Commerce de notre ville, en la personne de son Vice-Président, M. Alphonse Grandval, d'avoir ainsi tenu à honneur d'exécuter loyalement le pacte traditionnel, si tristement déchiré par d'autres !

Ici nous renonçons à dire ce qui a dû se passer dans ces cœurs religieux et français, recevant de la bouche de notre premier pasteur, le témoignage authentique du grand devoir qu'ils venaient accomplir. Qu'ils jouissent en paix de ces joies intimes de l'âme que ne connurent jamais ceux qui prétendent vivre *sans Dieu*.

Mais le moment solennel approche. De nombreux fidèles se pressent autour de la table sainte pour prendre part au banquet Eucharistique, auquel ils ont été conviés; et le nombre considérable des bienheureux convives est encore accru par ceux du dehors, qui reçoivent le pain mystique sur les marches de la chapelle, en présence de la foule recueillie et pieusement prosternée!...

Ensuite les divines parcelles sont renfermées dans le saint tabernacle, et le sacrifice s'achève au milieu du recueillement des assistants.

La Messe terminée, les rangs s'éclaircissent, et la foule intérieure se mêle à celle du dehors, heureuse et satisfaite d'avoir ainsi employé la première partie de la journée à l'accomplissement d'un devoir aussi patriotique que religieux.

Est-il besoin d'ajouter qu'à leur sortie de la chapelle et jusqu'à leur rentrée dans leurs hôtels respectifs, nos Autorités supérieures furent saluées par de nouveaux et chaleureux applaudissements.

A ce moment un groupe de jeunes gens et d'hommes mûrs, qui faisaient partie de l'assistance, eurent l'heureuse idée d'aller ensemble, sur le cours Belzunce, couronner de fleurs la statue du vénérable prélat dont il porte le nom, comme pour perpétuer la mémoire de ce grand apôtre de la Charité.

Mais le spectacle, si émouvant, qu'avait présenté la cité marseillaise dans la matinée de ce jour mémorable, devait être suivi, le soir, d'un autre spectacle plus imposant encore, et par le lieu de la scène où il allait se produire, et par le nombre des acteurs appelés à y figurer. — Nous voulons dire la procession générale du Sacré-Cœur.

Un moment l'orage qui s'était formé sur la ville et qui avait été suivi de pluie et de grondements de tonnerre, fit craindre à la population inquiète que cette belle cérémonie ne pût avoir lieu ; mais l'orage s'étant dissipé et la pluie ayant cessé de tomber, à l'heure même où la procession devait sortir, on la vit déployer, peu à peu, ses belles lignes à travers les rues pavoisées qu'elle devait parcourir ; et, dans un défilé qui ne dura pas moins de deux heures, on put aisément constater qu'elle ne le cédait point à celles des années précédentes, et par les détails, et par l'ensemble de son organisation.

Mais ce qui frappa plus particulièrement les regards du spectateur, ce fut de voir à la suite du cortége officiel, où toutes les autorités étaient représentées (la municipalité republicaine exceptée), un second cortége non moins imposant, composé, en majeure partie, de notabilités marseillaises, auxquelles étaient venus se joindre un nombre considérable d'ouvriers et d'industriels de la ville et de la banlieue.

Et quand on vit la majestueuse Colonne entonner, dans un concert immense, le chant religieux et patriotique du Sacré-Cœur, la foule électrisée fit entendre, à son tour, les applaudissements les plus sympathiques et les plus chaleureux.

C'est, qu'en effet, ces hommes de foi et d'avenir étaient, en ce moment, les fidèles interprètes des sentiments intimes d'une population chrétienne qu'un vœu solennel et irrévocable avait consacrée au Cœur adorable de Jésus, lors de la cessation du fléau qui avait si cruellement frappé la cité.

Et en payant, ainsi, leur part de solidarité dans une dette contractée par leurs pères et sanctionnée par notre immortel Belzunce, une grande pensée les animait encore, pensée toute française et éminement chrétienne : celle d'obtenir, avec le salut de la France, le triomphe prochain de l'Eglise, indignement outragée dans la personne auguste du Souverain Pontife, par la cessation d'un fléau bien autrement dangereux que la peste de 1720 : celui de la PERSÉCUTION.

Nous bornerons là nos appréciations touchant la belle journée qui, en maintenant Marseille dans cette voie réparatrice où elle était entrée si résolûment l'année dernière, laissera désormais un souvenir ineffaçable dans le cœur de ses habitants.

Oui, dans ce jour de grâce et d'espérance,
Chrétiens pieux, répétons tous en Chœur :

Dieu de clémence,
Dieu protecteur,
Sauvez Rome et la France,
Au nom du Sacré-Cœur,

www.ingramcontent.com/pod-product-compliance
Lightning Source LLC
Chambersburg PA
CBHW050714070726
47597CB00010B/4455